INSPECTEURS & DÉTECTIVES

Découvrir

Album photo

À toi de jouer !

La bande dessinée

Des mots et des images

Le secret du tonton savant

Une histoire de **René Escudié**
illustrée par **Fabrice Turrier**

1

Mon tonton sait tout

Sylvain affirme :

– Moi, mon tonton, c'est le plus savant de tous les tontons. Quand je lui pose une question, il me donne toujours la réponse.

Bastien s'étonne :

– N'importe quelle question ?

– TOUTES les questions ! Même les plus difficiles.

– Difficile comment ?

– Difficile comme… comme de chercher la trace d'une mouette dans un ciel d'orage !

– Ça, ce n'est pas une question !

Sylvain et Bastien sont les meilleurs amis du monde. Mais ils se disputent quand même.

Pour savoir qui trouve le plus vite la réponse des devinettes, pour savoir qui crache les noyaux de cerise le plus loin, pour savoir à qui Coralie a fait le plus beau sourire ou qui est le plus grand détective des deux.

– J'aimerais bien le connaître, ton tonton qui sait tout ! reprend Bastien.

– Tu ne trouverais même pas une question assez difficile !

– Si !

2
Des questions hyper dures

Le tonton de Sylvain habite dans une vieille maison de l'autre côté de la ville.

Les deux garçons entrent dans le bureau blanc. Il n'y a qu'une table faite d'une simple planche posée sur des tréteaux.

Le tonton est en train de jouer aux cartes tout seul.

– Bonjour ! salue-t-il joyeusement les enfants. C'est gentil de venir me voir. On va pouvoir jouer tous les trois !

– On n'est pas venus pour jouer, dit Sylvain. On veut te poser des questions.

Le tonton les regarde par-dessus ses lunettes.

Il a un petit sourire au coin des yeux.

– D'abord, commence Sylvain, je voudrais savoir combien font 36 fois 6 divisé par 9.

– Ce n'est pas du jeu ! proteste Bastien. On n'a pas encore appris la division ! Ton tonton pourra répondre n'importe quoi !

Le tonton le regarde en clignant de l'œil.

– Je ne réponds jamais n'importe quoi. Mais c'est une question trop facile. À ton tour maintenant.

Bastien réfléchit. Il cherche une question très très difficile. Il se souvient d'une carte postale

que son cousin lui a envoyée de Tahiti.
Il demande :

– Où se trouve le village de Tautira ?

– Ah, voilà une question difficile ! dit le tonton, intéressé. Maintenant, vous allez me laisser réfléchir seul pendant dix minutes.

Sylvain et Bastien se dirigent vers la porte. Le tonton reste assis dans son fauteuil, devant sa table vide dans la grande pièce déserte. Les deux enfants s'assoient sur la moquette dans le couloir.

– Pourquoi il veut rester seul ? demande Bastien.

– Il dit que c'est pour mieux faire marcher son cerveau, répond Sylvain.

Tous deux attendent un moment puis ils entendent le tonton qui les appelle.

– J'ai trouvé ! La réponse à ton problème, Sylvain, est : 27. C'est ça ?

– Heu… je crois… hésite Sylvain qui a donné n'importe quels chiffres.

– Et vous savez où se trouve Tautira ? questionne Bastien.

– C'est un petit village de la presqu'île de Tahiti. Après Tautira, il n'y a plus de route et les enfants viennent à l'école en bateau. C'est exact ?

– Ben ça alors ! Vous êtes drôlement fort. Sylvain m'avait prévenu mais je ne voulais pas le croire !

– Ah, tu vois ! triomphe Sylvain. Allez, tu me dois un paquet de bonbons.

– Ce n'est pas vrai ! On n'avait rien parié !

– Ne vous disputez pas ! Le tonton les regarde en souriant. Tenez, je vous offre les bonbons. Et il leur donne deux pièces de monnaie.

Sylvain est prêt à partir mais Bastien lance :

– Si vous savez tout, peut-être que vous pourrez me dire si c'est vrai que le papy de mon papy a arrêté les bandits qui avaient volé le Gros Diamant Bleu ? Mon papy le dit toujours. Dans la famille, personne ne le croit et tout le monde se moque de lui. Sauf moi.

– Pourquoi pas... Comment s'appelait-il ?

– Célestin Mouchavot. Et il était détective privé.

Le tonton les met gentiment à la porte en leur disant que pour une question aussi difficile, il faut qu'il aille tout au fond de sa mémoire.

– Revenez tout à l'heure.

3
Où es-tu, tonton ?

Sylvain et Bastien attendent dans le couloir. Cinq. Puis dix. Puis vingt minutes.

– Ça fait long ! s'impatiente Sylvain. On va jouer ?

– Mais je voudrais bien savoir !

– On pourrait peut-être...

Sylvain ne termine pas sa phrase. Il entrebâille doucement la porte, jette un coup d'œil à l'intérieur, puis il l'ouvre en entier. La pièce est vide, le tonton a disparu !

– Ce n'est pas possible ! s'exclame Sylvain. On est restés tout le temps devant la porte, il n'a pas pu sortir !

– La fenêtre ! crie Bastien.

Mais le bureau est au troisième étage.

Les deux enfants, perplexes, restent au milieu de la pièce. Il n'y a qu'une armoire contre un mur. Pas d'autre meuble.

– Réfléchissons, dit Sylvain. Un vrai détective réfléchit toujours.

– L'armoire… souffle Bastien.

– Tonton ! Tu nous fais une blague ? demande Sylvain. Et il ouvre l'armoire.

Elle est vide. Complètement vide.

Bastien est admiratif

– Tu as un tonton complètement extraordinaire ! Il sait tout et il est capable de disparaître quand il le veut sans laisser de traces.

– Des traces… fait Sylvain, songeur, en se penchant à l'intérieur de l'armoire. Regarde…Tu vois quelque chose ?

Bastien se penche vers l'endroit montré du bout du doigt par Sylvain. Sur le plancher, devant le panneau du fond de l'armoire, une partie un peu blanche a la forme d'une semelle de soulier.

– On marche dans les armoires dans ta famille ? rigole Bastien.

– Je ne suis pas au courant… C'est étrange. Et si c'était un passage secret ?

– On pourrait dire « Am Stram Gram ». Ou alors « Banane, ouvre-toi ! », s'amuse Bastien.

– Banane toi-même ! C'est pas Banane, c'est Sésame ! Mais il n'y a qu'au cinéma que ça existe, ces trucs-là !

– Si c'est un passage secret, il faut bien qu'il s'ouvre. Laisse-moi faire.

Bastien entre dans l'armoire et commence à cogner contre le panneau du fond. Cela résonne un peu comme un tambour.

– Il n'y a rien derrière, constate Bastien et il passe ses doigts doucement le long du panneau.

– Tu trouves quelque chose ? s'impatiente Sylvain.

– Attends... oui, je crois que j'ai trouvé !

Bastien a senti sous ses doigts une petite tige métallique collée contre le bois. Il la tire à lui. Et, sans un bruit, le fond de l'armoire, bien huilé, s'ouvre sur un escalier sombre.

– Ben ça alors ! s'exclame Sylvain. Jamais tonton n'a parlé de ça !

– On descend ?

– J'espère qu'on ne se fera pas disputer...

4
Dans l'antre du tonton

Ils descendent les escaliers qui s'enfoncent en tournant dans les profondeurs de la maison.

Bientôt, ils arrivent en bas des marches. Devant eux s'ouvrent trois couloirs obscurs.

– Lequel on prend ? demande Sylvain.

– Je ne sais pas, répond Bastien. Après tout, c'est ton tonton à toi.

– Il faut réfléchir…

Sylvain regarde le sol. Du côté du couloir de gauche, il aperçoit des brindilles et des copeaux de bois.

– Ce n'est pas de ce côté… On dirait que ça va là où il range son bois. Ni de celui-ci, reconnaît-il en montrant des bouteilles vides posées le long du mur. Ce couloir de droite semble aller vers la cave à vin.

– Tu es déjà venu ? lui demande Bastien.

– Non. Mais je réfléchis… Il n'est pas allé se cacher au milieu des bûches ni des bouteilles…

– Il ne reste plus qu'une solution, dit Bastien, et du doigt, il indique le couloir du milieu.

Ils le prennent et se retrouvent, quelques instants plus tard, face à une porte.

Ils chuchotent :

– Qu'est-ce qu'on fait ?

– Dis, on remonte ?

– T'as peur ?

– Et toi ?

– Un peu.

– Regardons par le trou de la serrure…

Mais ils n'en ont pas le temps, la porte s'ouvre dans une explosion de lumière. Le tonton se tient devant eux.

– Vous êtes de vrais détectives ! Mais un petit peu bruyants : je vous entends depuis là-haut ! Rentrez donc puisque vous avez découvert mon secret.

Ils pénètrent dans une grande pièce bien éclairée. Les murs sont couverts de rayonnages sur lesquels il y a des centaines et des centaines de livres, de dictionnaires et d’encyclopédies. Il y a aussi une grande quantité de boîtes remplies de fiches. Et, au milieu, posé sur un bureau, un ordinateur ronronne.

GEOGRAPHIE

5

Le secret dévoilé

– Mais… tonton… je croyais que tu savais tout dans ta tête ! s'étonne Sylvain.

Son oncle le regarde avec un petit sourire.

– Personne ne peut tout savoir. Les hommes ont tant de connaissances ! Ils ne peuvent pas tout garder dans leur tête ! Heureusement, ils les écrivent dans des livres. Regardez ! Tous ces livres sont comme des milliers de cerveaux, ceux des hommes et des femmes qui les ont écrits. Voilà pourquoi je sais tant de choses. Parce que les autres m'aident ! Et que je sais où les chercher.

– Mais pourquoi tu faisais semblant ?

– Pour faire le malin. Juste pour faire le malin.

Il fait un grand clin d'œil aux deux enfants.

– Et la réponse à ma question… Vous l'avez trouvée ? demande Bastien, plein d'espoir.

– Oui. Mais j'ai mis du temps. Et pour cela, j'ai dû me brancher sur la grande mémoire du monde, grâce à mon ordinateur. Et fouiller très très profond. Ton papy avait à la fois tort et raison. Le papy de ton papy n'a pas arrêté les voleurs du Gros Diamant Bleu, il y a cent ans, au château de Cournon-le-Mouillé.

– Ben zut alors !

Bastien est un peu déçu.

– Mais c'est lui qui a conduit les gendarmes sur la trace des voleurs. Il avait remarqué que leur voiture, une Hispano-Suiza, laissait couler un peu d'huile. Et comme il n'y avait pas beaucoup de voitures en ce temps-là, les gendarmes à cheval n'ont eu qu'à suivre les gouttes tombées dans la poussière. Regarde, Célestin Mouchavot, c'est lui, là, tout à droite, à côté du gendarme avec son bicorne.

Sur l'écran de l'ordinateur, Bastien peut voir un article de journal avec une photo et le papy de son papy avec une grosse moustache et un drôle de chapeau sur la tête.

– Ça, ce n'est pas un bicorne, c'est un melon, commente le tonton en imprimant la photo.

– Merci, merci beaucoup ! Qu'est-ce qu'il va être content, mon papy ! Merci !

– De rien, répond gaiement le tonton.

découvrir

Qui mène l'enquête ?

Cette nuit, un cambriolage a été commis chez Mme La Pierre. L'inspecteur Martin, officier de police judiciaire, mène l'enquête. Mais le détective Berrot est aussi concerné par cette affaire...

Préfecture de Police

Département des affaires criminelles

Service BZQ333

Rapport n° 665HS77

Affaire : vol de bijoux / La Pierre

Samedi 16 juin 2001, 8 h 15

Cette nuit, l'inspecteur Martin s'est rendu rue de la Banque pour un cambriolage avec vol. La victime est Madame La Pierre, veuve d'un riche bijoutier. Voici son témoignage : « Je suis allée à l'Opéra hier soir avec mon petit-fils Charles. C'était un spectacle merveilleux ! Mais en rentrant chez moi ensuite, quel désastre ! Un cauchemar ! Tous les tiroirs du salon étaient retournés sur le sol. Et le coffre fort, vidé ! Tous mes bijoux ont disparu ! »
L'enquêteur Michaud retourne ce matin sur les lieux pour récolter les premiers indices. Quant à l'inspecteur Martin, il reçoit un premier témoin à 10 heures.

Signature de l'inspecteur :

Martin

Le Petit Détective - samedi 16 juin 2001 - page 1

rses
urrir
ts et
fois
ense
ve la
nt aux
age et
ne par-
deux
nulés,
llons le
s le soir.
stion de
gorilles,
orangs-
assister à
rançaise !
ue soir 10
est le soi-
e chaque
des lions,
os dans des
distribue la
s box sépa-
s bagarres !
onsomment
ouze kilos de
eaux et cal-
du Nord.

Le Petit Détective

Rebondissements dans le monde de la joaillerie

Hier soir, le fameux détective Berrot, dit La Fouine, a été appelé par Madame La Pierre pour constater le vol de tous ses bijoux. Ce n'est pas la première fois qu'il travaille pour elle. Il nous raconte ici son premier contact avec sa cliente :

« Un matin, elle est arrivée en pleurs dans ma première agence de renseignements, rue de la Justice. J'avais, à l'époque, un seul bureau avec ma secrétaire et mes deux enquêteurs. Son petit-fils la tracassait et elle voulait que je le surveille : ses habitudes, les gens et les lieux fréquentés. Une filature banale ! À mon avis, cette histoire de bijoux sera vite réglée ! »

découvrir

LES MOTS DE L'ENQUÊTE

On mène une **ENQUÊTE** pour débusquer un criminel. Il faut pour cela rassembler le plus d'éléments possible.

Le **DÉTECTIVE PRIVÉ** enquête pour le compte de personnes ou d'entreprises privées.

L'**INSPECTEUR DE POLICE** mène lui aussi des enquêtes, mais il peut arrêter un suspect pour le mettre en prison.

Le **SUSPECT** est une personne que l'on soupçonne d'avoir commis un acte criminel (vol, agression, meurtre...). Mais il faut des preuves pour vérifier les soupçons.

Les **PREUVES** sont des éléments de l'enquête qui servent à révéler la vérité. Elles sont indispensables pour dire si le suspect est bien le criminel ou non.

Avoir des **SOUPÇONS**, c'est penser qu'une personne a fait quelque chose de mal, sans en avoir la preuve.

Les enquêteurs font parfois des ***FILATURES*** : ils suivent très discrètement une personne en essayant de ne pas se faire remarquer.

Au cours de l'enquête, on récolte des ***INDICES*** : un cheveu ou un mégot de cigarette. Le témoignage d'une personne est aussi un indice. Ils permettent de faire avancer l'enquête.

Le ***TÉMOIN*** est une personne présente sur les lieux de l'événement et qui raconte ce qu'elle a vu ou entendu.

Un ***CRIMINEL*** est une personne qui a commis un crime : vol, meurtre, attentat, empoisonnement...

Il est en ***CAVALE*** s'il s'est échappé de prison et s'il est recherché par la police.

La ***VICTIME*** est une personne à qui l'on a fait du tort. Ainsi, Mme La Pierre est la victime du voleur

découvrir

MAIS… QUE FAIT LA POLICE ?

À la découverte des lieux du crime : **les premiers pas de l'enquête.**

Après sa nuit mouvementée chez Mme La Pierre, l'inspecteur Martin doit s'occuper d'une autre affaire.

Ce matin, un homme a été trouvé mort chez lui. L'inspecteur se rend sur les lieux avec son adjoint.

Une femme est sur place. C'est elle qui a prévenu la police de la mort de son mari. Elle l'a découvert ce matin. Elle est ensuite convoquée au commissariat afin de donner son témoignage. Tout ce qu'elle dit sera vérifié. Et petit à petit, les éléments vont se mettre en place. Il faut que l'inspecteur réunisse le plus d'indices possible.

Pendant ce temps, l'enquête se poursuit. La porte a-t-elle été fracturée ? Est-on entré par la fenêtre de la cuisine ou par celles du jardin ?

On frappe à la porte ! C'est le médecin légiste. Il va identifier la victime : déterminer son âge, l'heure de sa mort... Ce sont les premières constatations qui sont faites sur place.

L'enquêteur Michaud est en même temps à la recherche d'indices. Où est passée l'arme du crime ? Sous le lit ? Dans la poubelle de la cuisine ? Le criminel a-t-il laissé des empreintes ? Un mégot de cigarette traînerait-il quelque part ? Tous les éléments trouvés seront soigneusement rangés dans des sacs. Ils seront analysés plus tard par le laboratoire de la police scientifique.

LA PAROLE EST

Le laboratoire de la police scientifique mène aussi l'enquête. Il utilise des méthodes classiques et d'autres, plus sophistiquées. Tous les indices sont examinés, même les plus petits.

Le microscope électronique analyse un tout petit morceau de matière retrouvé sur les lieux du crime. Si c'est de la peinture de voiture, on peut dire de que le voiture il s'agit. On peut même donner son année de fabrication !

AUX INDICES

L'enquête se poursuit : il faut **trouver le coupable !**

La balistique est une technique qui étudie les armes et les munitions. On peut ainsi savoir de quelle arme provient une balle ou de quel endroit elle a été tirée.

On peut connaître l'identité d'une personne grâce à l'analyse de ses **empreintes digitales.** Ce sont de petits sillons que l'on a tous au bout des doigts. Ils forment un dessin unique : personne n'a la même empreinte. Il suffit de les recueillir et de les photographier. Un ordinateur vérifie ensuite dans un fichier si elles sont connues ou non par la police.

L'analyse graphologique permet de vérifier une écriture sur une lettre ou un morceau de papier. **La reconnaissance vocale** analyse des enregistrements sonores, comme des messages sur un répondeur ou des appels anonymes.

découvrir

LA SCIENCE À LA RESCOUSSE

La plus fascinante des techniques d'enquête fait appel à la biologie. C'est la recherche sur l'ADN.

Ton corps est constitué de milliards de cellules. Chaque cellule est elle-même composée d'un noyau, comme celui d'un fruit. Dans ce noyau se trouve l'ADN. Cet élément est l'empreinte génétique de chacun : comme les empreintes, **il caractérise chaque être humain de façon unique.**

ADN, ADN, dis-moi qui est le criminel ?

Il suffit d'un cheveu, d'un peu de sang ou d'un morceau de peau pour définir la carte génétique de la personne analysée. On compare ensuite l'empreinte génétique du cheveu prélevé sur les lieux du crime avec l'empreinte génétique du suspect. Si c'est la même, on apporte ainsi la preuve de sa présence sur les lieux.

Une énigme historique a été résolue grâce à l'analyse ADN. On a prouvé que le corps de l'enfant retrouvé, en 1795, dans la prison de la Bastille à Paris, était bien celui du fils de Louis XIV, roi de France.

On a pu comparer les restes de son cœur avec les cheveux de sa mère, Marie-Antoinette, épouse du roi.

Malheureusement pour ceux qui se disaient être les descendants de ce fils de roi. La preuve est enfin faite après des siècles de rumeurs !

activité

QUI EST ENTRÉ DANS TA CHAMBRE ?

Pour savoir qui entre dans ta chambre en ton absence, utilise les techniques des vrais détectives. Tout d'abord, deux précautions à prendre quand tu quittes ta chambre :

1 Place un cheveu, tenu par un ruban adhésif, sur le bas de ta porte et sur le mur. Pose-le près du sol pour que personne ne le remarque. Si le cheveu est cassé à ton retour, cela signifie que quelqu'un est entré dans ta chambre.

2 Essuie la poignée de ta porte et celle de ton tiroir à secrets. Tu pourras ainsi relever très facilement les empreintes de celui ou celle qui croit entrer dans ta chambre sans que tu le saches !

À qui sont les empreintes que tu as trouvées ? Il te faut mener l'enquête... Tu as besoin d'un tampon encreur et d'une feuille blanche.

Chaque suspect doit poser ses doigts sur le tampon encreur et les presser ensuite sur la feuille.

De retour dans ta chambre, relève les empreintes.
Pour cela, il te faut du talc, un pinceau et du ruban adhésif.

1 Essuie doucement la surface où pourraient être les empreintes avec le pinceau.

2 Saupoudre du talc à cet endroit et souffle dessus ensuite. S'il y a des empreintes, le talc reste dessus.

3 Pose un morceau de ruban adhésif sur les petites traces de talc. Appuie bien avec ton doigt.

4 Retire doucement le ruban adhésif et colle-le sur du papier noir : l'empreinte apparaît.

Note les noms à côté de chaque empreinte. N'oublie pas de relever aussi les tiennes !

Compare enfin les empreintes relevées dans ta chambre avec celles des suspects... Alors ? Qui est entré dans ta chambre ?

MYSTÈRES ET BOULES DE GOMME

Il arrive que des personnes soient emprisonnées et même condamnées à mort alors qu'elles n'ont pas commis l'acte dont on les accuse. C'est ce que l'on appelle des **erreurs judiciaires.**

Erreurs judiciaires...

Aux États-Unis, dans les années 1920, deux hommes, **Sacco et Vanzetti,** sont condamnés à mort pour un hold-up avec meurtre. Ils affirment être innocents. En 1925, un gangster avoue avoir commis ce hold-up. Mais Sacco et Vanzetti sont quand même exécutés, pour des raisons politiques, en 1927. Cette affaire a fait beaucoup de bruit car personne ne comprenait pourquoi l'on tuait ces innocents. En 1977, la justice américaine reconnut leur innocence. Malheureusement, ils étaient morts depuis 50 ans.

Certaines affaires restent très mystérieuses. Parfois, on ne retrouve jamais le coupable. Parfois, on ne sait pas non plus si les accusés sont réellement coupables car il n'y a pas assez d'éléments pour prouver ou non leur innocence.

… et étranges affaires.

L'affaire des poisons s'est déroulée sous le règne de Louis XIV. Plusieurs hommes, proches du roi, sont morts empoisonnés. Un lieutenant de police, La Reynie, a mené l'enquête et a découvert qu'une femme vendait des poisons aux épouses de ces hommes. Elles participaient à des réunions de sorcellerie. Madame de Montespan, la favorite du roi, et des dames de la Cour furent accusées. 36 personnes furent condamnées à mort. Mais Madame de Montespan fut épargnée. Était-elle coupable d'empoisonnement ou a-t-elle été protégée par le roi ? Le mystère demeure entier…

IL ÉTAIT UNE FOIS... DES CRIMINELS CÉLÈBRES

César, empereur romain, fut assassiné par son fils adoptif **Brutus**, en 44 av. J.-C. Ce dernier souhaitait prendre le pouvoir à la place de son père. Avant de mourir, César dit : « *Tu quoque fili* », qui signifie : « *Toi aussi mon fils* », sous-entendu, toi aussi, mon fils, tu voulais me tuer pour devenir empereur.

François de Ravaillac assassina Henri IV, roi de France, en mai 1610, alors qu'il parcourait les rues de Paris dans son carrosse royal. On dit que Ravaillac était fou. On dit aussi qu'il avait agi sur ordre de conspirateurs opposés au roi.

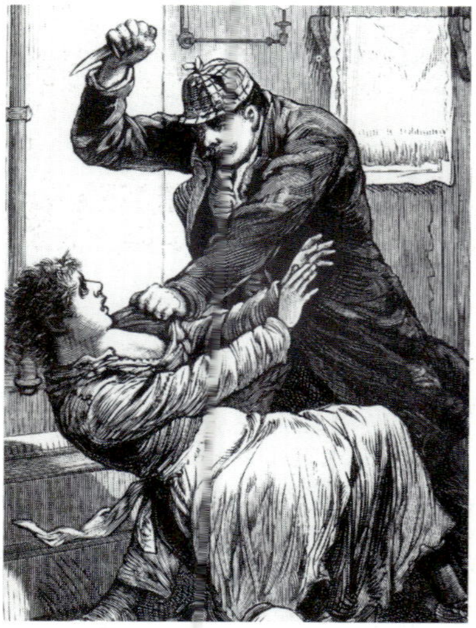

Jack l'Éventreur tua cinq femmes à Londres en 1888. La police anglaise n'a jamais retrouvé le véritable assassin.

Après avoir promis le mariage à ses victimes, **Henri Désiré Landru** les attirait chez lui et les étranglait. Il tua ainsi plus de dix femmes. Il fut arrêté en 1919, puis jugé.

Le célèbre couple Bonnie Parker et Clyde Barrow, dit **Bonnie and Clyde,** est l'auteur de 14 meurtres et plusieurs cambriolages. Ils furent arrêtés en 1934 aux États-Unis par six policiers armés jusqu'aux dents. .

Jacques Mesrine était l'ennemi public numéro 1 en France dans les années 1970. Il fit parler de lui à cause de ses nombreux cambriolages et assassinats. On lui en attribue 37. En novembre 1979, après un an et demi de cavale, son arrestation fut spectaculaire puisqu'il fut tué dans une voiture en plein Paris.

album photos

Hercule Poirot, le détective privé pas légume d'Agatha Christie.

L'inspecteur Clouzot dans *La Panthère Rose*

Ce fin limier d'inspecteur Colombo cache bien son jeu.

C'est élémentaire : c'est Sherlock Holmes !

Ironique, irresponsable, bluffeur et sans concession, Harry Callahan est l'*Inspecteur Harry*.

LES VEDETTES DE L'ÉCRAN

Sam Spade, le déctective machiavélique.

Héros de romans, Mike Hammer, le détective privé séducteur.

à toi de jouer

LE SAIS-TU ?

Le détective privé n'a pas le droit de mettre un suspect en prison. Vrai ou faux ?

Vrai.

Scotland Yard est le nom de la police britannique. Vrai ou faux ?

Vrai.

On peut déterminer l'âge et le sexe d'une personne à partir d'un seul de ses os. Vrai ou faux ?

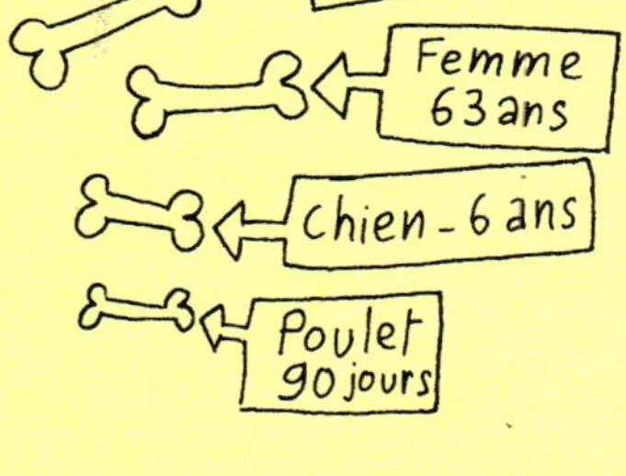

Vrai.

On n'a jamais su et l'on ne saura jamais qui était Jack l'Éventreur. Vrai ou faux ?

Vrai. Il demeure un parfait inconnu.

ADN signifie :

Acide Du Neurone ?

Acide Des Nerfs ?

Acide DésoxyriboNucléique ?

L'acide désoxyribonucléique est le nom exact de l'ADN.

Grâce à l'analyse ADN, on a pu résoudre une énigme historique à propos de l'enfant de :

Louis XIV ?

Louis XVI ?

Henri IV ?

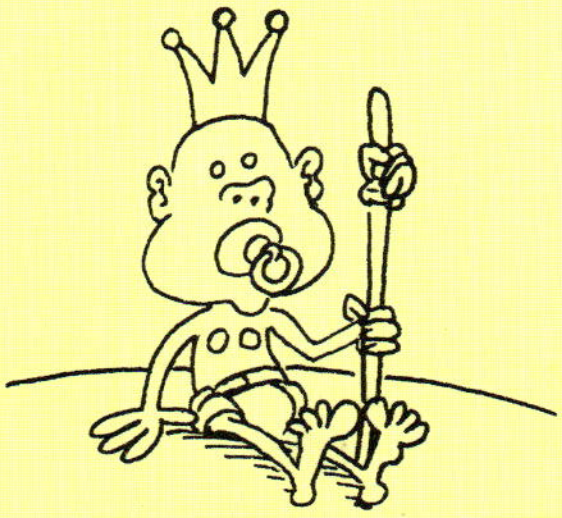

Il s'agissait du fils de Louis XVI, roi de France.

Quelle est la technique utilisée par la police scientifique pour vérifier l'écriture d'une lettre ?

La balistique ?

La graphologie ?

La reconnaissance vocale ?

La graphologie.

Le célèbre détective privé Sherlock Holmes n'a jamais existé. Vrai ou faux ?

Vrai. Il est le héros de l'écrivain anglais Conan Doyle.

RAY POTIN
en direct sur radio Kid
POURSUITE INFERNALE
Vous avez l'antenne, Ray !
Salut les kids ! Ici Po...
Chut, Potin ! Il est là...
Nick Bolido, le détective bien connu...
...est sur le point de capturer Jojo Barlou en direct !
NON D'UNE LOUPE ! IL S'ENFUIT !
TU N'IRAS PAS LOIN, BARLOU
Pas si vite, Nick !
ZUT !! Une voiture l'attendait !

Suis-moi, Potin !
Une Poursuite? Génial, les kids !
Ça ne fait pas un pli !
On va l'avoir! On va l'avoir!
CRASH
BING
CLONG
Les mains en l'air, Jojo ! Tu es fait !
Okay, Nick ! Tu es le plus fort !
Ça c'était une belle poursuite, les kids !

des mots et des images

Être blanc comme neige, c'est être innocent, n'avoir rien à se reprocher.

Plumer quelqu'un, c'est lui dérober tout son argent.

Les malfaiteurs sont **à l'ombre** quand ils sont en prison...

... Et **ils se font la belle** quand ils s'en échappent !

Texte documentaire : Lucile Marin. ***Illustrations documentaires :*** Benjamin Bachelier. ***Vignettes décalées :*** Laurent Lolmède. ***Couverture :*** Fabrice Turrier. ***Bande dessinée :*** histoire de Gérard Moncomble, illustrée par Jean-François Martin et Thibault Reumaux. ***Activité :*** Karine L.

Crédits photographiques : couverture: collection Christophe L. Sherlock Holmes, 1939, Basil Mathbome. p. 40 : hd. AKG Paris. mg. Bettmann/Corbis Sygma. Jack l'Éventreur attaquant une Dame. Gravure qui provient d'une gazette anglaise de l'époque. bd. AKG Paris.p. 41 : hg. Bettmann/Coris Sygma. Henri Désiré Landru, le 21 décembre 1921, lors de son procès à Versailles. hd. Bettmann/Corbis Sygma. Bonnie Parker pointant un fusil sur Clyde Barrow. b. Jean-Claude Francolon/Gamma. Six photos que la police a retrouvé dans la cache de Jacques Mesrine, à Paris, après que le gangster ait tenté de prendre en otage la famille d'un juge. Il réussit à se métamorphoser, voire à se rajeunir de dix ans. p. 42 : hg. PROD DB © DR. Photo tirée du film *Mort sur le Nil*, où Peter Ustinov joue le rôle d'Hercule Poirot. hd.DR Prod/DB. Peter Sellers joue le rôle de l'inspecteur Clouzot dans *La Panthère Rose*. bg. D.R. PROD/DB. Perters Falk est l'inspecteur Colombo. bd. DR PROD/DB. Humphrey Boggart dans *Le Faucon Maltais* de John Huston. p. 43 : h. PROD/DB. *L'Inspecteur Harry* de Don Siegel (1971) joué par Clint Eastwood. bg. PROD/DB. Peter Cushing joue le rôle de Sherlock Holmes dans *Le Chien des Baskerville* (1959). bd. PROD/DB. Stacy Keach est Mike Hammer.

Remerciements à Christèle Frinzine, enseignante.

10085738 - (i) - CSBTS - 170°

ISBN: 209209070-4

conforme à la loi n° 49956 sur les publications déstinées à la jeunesse

Imprimé par l'imprimerie Pollina, n° L83634